Cláudio Rodrigues

Cirandeira do Menino-Deus

Auto de Natal

Dados Internacionais de Catalogação na Publicação (CIP)
(Câmara Brasileira do Livro, SP, Brasil)

Rodrigues, Cláudio
   Cirandeira do Menino-Deus : auto de Natal / Cláudio Rodrigues. –
1. ed. – São Paulo : Paulinas, 2009. – (Coleção encenar)

   ISBN 978-85-356-2508-0

   1. Natal - Peças teatrais   2. Teatro brasileiro   I. Título   II. Série.

09-08131   CDD-869.92

Índice para catálogo sistemático:
1. Peças teatrais : Literatura brasileira   869.92

Direção-geral: *Flávia Reginatto*
Editores responsáveis: *Vera Ivanise Bombonatto e*
Antonio Francisco Lelo
Copidesque: *Cirano Dias Pelin*
Coordenação de revisão: *Marina Mendonça*
Revisão: *Ana Cecilia Mari*
Direção de arte: *Irma Cipriani*
Gerente de produção: *Felício Calegaro Neto*
Projeto gráfico: *Manuel Rebelato Miramontes*

Nenhuma parte desta obra poderá ser reproduzida ou transmitida por qualquer forma e/ou quaisquer meios (eletrônico ou mecânico, incluindo fotocópia e gravação) ou arquivada em qualquer sistema ou banco de dados sem permissão escrita da Editora. Direitos reservados.

Paulinas
Rua Dona Inácia Uchoa, 62
04110-020 – São Paulo – SP (Brasil)
Tel.: (11) 2125-3500
http://www.paulinas.org.br – editora@paulinas.com.br
Telemarketing e SAC: 0800-7010081
© Pia Sociedade Filhas de São Paulo – São Paulo, 2009

Sumário

Introdução 5

Orientações para encenação 7

Ato I - O começo da saga 13

Ato II - Origens 17

Ato III - Galanteios de um casal sagrado 20

Ato IV - O Diabo tenta os retirantes 22

Ato V - No sertão tudo fala 29

Ato VI - Conversa do Jegue com o Burro 35

Ato VII - Ciranda do Menino-Deus 38

Introdução

Pois não é que Deus, podendo viver bem sossegado, lá nas alturas, no seu trono glorioso, resolveu se tornar o humano mais frágil e, na forma de um bebê, vir ao mundo para semear a esperança?! Essa história aconteceu há mais de dois mil anos, lá nas terras do Oriente, e até hoje é contada em todo o mundo. Cada qual conta do seu jeito.

Inspirada nos pastoris de Natal, nos autos medievais e na literatura de cordel, a narrativa poética de *Cirandeira do Menino-Deus* traz a saga do nascimento de Jesus para o sertão. Nesta versão inculturada, Anjo e Estrela-Guia contam a história dos sertanejos José e Maria, que partem para a cidade de Belém do São Francisco, onde há água em abundância. No caminho tudo agoniza com a difícil seca. Tinhoso como que, o Diabo prepara uma cilada para impedir o nascimento do menino, mas o Jumento é escolhido guardião e reconhece o capiroto em todos os seus disfarces e pantominas. No fim, o presépio é montado e tudo vira uma grande ciranda.

A estrutura dos versos lembra variados ritmos populares. O texto celebra a vida e diz não à morte apresentando um mosaico rítmico: ciranda, bumba meu boi, cantoria de cordel, chegança, acalanto e valsinha.

Além de encarnar o jeito popular de relembrar o Natal, pode-se ver a intertextualidade nas referências ao mesmo sertão presente nos textos de grandes poetas e escritores brasileiros, tais como Euclides da Cunha, Guimarães Rosa, Carlos Drummond de Andrade, João Cabral de Melo Neto e Ariano Suassuna.

Orientação para encenação

Cenário

Dois painéis em verde e vermelho ao fundo. Neles estão reproduções de xilogravuras em tamanho grande. As imagens devem ser inspiradas nas capas de cordéis sertanejos, na paisagem do sertão, nas festas populares... Ao centro, bem acima, um grande sol suspenso e móvel aparecerá nas cenas do dia, e à noite uma grande lua minguante prateada. Nas laterais do palco, enormes galhos secos representam o ambiente do sertão. Pelo chão, folhas secas. Nas paredes das laterais, caveiras de vaca penduradas. Ao lado do palco, em lugar de destaque, ficará o grupo de cantores vestindo roupas coloridas, com chapéus de fita e instrumentos enfeitados.

Repertório musical

O grupo de cantores e tocadores deve escolher canções populares para animar o auto. Com exceção de *Cálix bento* e *A bandeira do Divino*, apresento letras compostas por mim, inspiradas em canções do romanceiro popular. A equipe de música pode compor melodias para essas letras ou usá-las como referência na seleção de canções conhecidas.

Personagens e caracterizações

Anjo Gabriel – Usa túnica branca, asinhas, uma auréola na cabeça ou uma tiara de papel prateado.

Estrela-Guia – Usa túnica branca com pontos brilhantes no tecido. Na cabeça, uma tiara com uma estrela de cinco pontas.

Trovador – Este personagem é uma espécie de poeta e profeta, um andarilho. A sugestão é que ele seja caracterizado com túnica marrom, barba e cabelo compridos. Usa um cajado que vai servir de violão numa das cenas.

Maria – A roupa de Maria pode fugir do tradicional vestido branco e manto azul. Como é mulher do sertão, convém usar vestido com delicados bordados de flores e um véu de renda rosa na cabeça. Calça alpercatas de couro.

José – O José sertanejo usa chapéu de palha ou de couro, calça comprida e camisa xadrez. Na cintura usa um cinto com facão na bainha. Traz um embornal a tiracolo. Calça alpercatas.

Diabo (Urubu, Jumenta, Coronel) – O Diabo faz parte das cenas cômicas do auto. A roupa pode ser engraçada, um macacão vermelho com capuz. Ele tem chifres e rabo. Carrega um tridente. E ostenta um bigodinho fino e cavanhaque. Nas cenas de disfarce, o Diabo usa máscaras de Urubu, Jumenta e Coronel, além de alguns apetrechos apenas. Não é preciso mudar de roupa.

Jegue – O Jegue é um personagem que participa de quase todas as cenas. O corpo do Jegue não pode cansar o ator e impedi-lo de movimentar-se. A ideia é pegar uma caixa de papelão retangular, usar apenas as laterais, forrar com tecido cinza, colocar o pescoço e a cabeça do Jegue. Pôr duas alças nas laterais da caixa. Assim, o ator entra na caixa e coloca as alças no ombro, ficando seu tronco visível, à semelhança da personagem Burrinha da brincadeira do bumba meu boi. Além disso, o Jegue usa uma capa que vai ser retirada para aparecer a cruz desenhada nas costas.

Burro – Feito do mesmo modelo do Jegue.

Boizinho – O Boizinho é feito para que o brincante fique escondido dentro da carcaça, como se brinca no Maranhão e em outros estados. O couro do Boi é feito de veludo e bordado com lantejoulas, fitas etc. A saia do Boi é feita de chita florida.

Personagens do ato V

Todos os personagens desta cena representam personificações da natureza: vaca, urubu, riacho seco, árvore, pedregulho e sol. Com exceção do sol, que não será interpretado por ator, as personagens usam roupa colada ao corpo com cores e caracterização específicas. A roupa deve ser leve, como a de uma companhia de dança e balé, já que os atores dançarão ao final da cena.

Vaca – Roupa branca com desenhos do esqueleto. Máscara em forma de caveira.

Urubu – Roupa preta e máscara.

Riacho seco – Roupa com a textura de terra rachada.

Árvore seca – Roupa na cor cinza. Chapéu com galhos secos.

Pedregulho – Roupa em tons de marrom. Um chapéu com uma pedra (de isopor). Pedras de isopor de tamanhos variados são coladas na roupa.

Três pastores – Apenas figurantes. Usam roupas de vaqueiro, com jaqueta e chapéu de couro.

Grupo de cantores e tocadores – A roupa deve ser inspirada no couro do bumba meu boi, com fitas, lantejoulas e chapéu de fita.

Ato I
O começo da saga

O grupo de cantores entra em fila junto com a Estrela-Guia, o Anjo e o estandarte com o nome do auto. No palco ficam o Anjo e a Estrela-Guia. O grupo segue para o local reservado à cantoria.

Chegança*

Abra a porta da sua casa,
Abra a porta do coração.
Vamos contar uma história,
Mas que grande emoção!

Bata palmas, cante junto
Com o pandeiro e o rabecão,
Mexa o fole, sanfoneiro.
Cai o sol no meu sertão.

Aparece uma estrela,
Ela vem do Oriente,
Vai haver festa bonita,
Todo mundo está contente.

Vamos formar uma roda
De mãos dadas a girar.
Na ciranda do Menino
Deus conosco vai ficar.

---

*   Letra de Claudicélio Rodrigues

A Estrela-Guia e o Anjo são os mestres de cerimônia do espetáculo.

Anjo

Boa-noite, minha gente,
E atenção pra nossa história.
A Estrela-Guia e eu
Vamos falar da vitória
De um Deus feito menino,
Tão grande o pequenino.
A saga é cheia de glória.

Estrela-Guia

Lá dos confins das alturas
Descemos para anunciar
Um amor que não se cansa
De o mundo inteiro amar.
Não haja guerra e discórdia,
Brilhe na terra a concórdia,
A paz aqui vai reinar!

Anjo

Estamos cá no sertão,
Tudo é seco e impera a morte.
As aves se debandaram,
Resta esperar pela sorte?
O verde virou garrancho,
Bebê nasce e vira anjo,
Mas o sertanejo é forte.

Estrela-Guia

Fatalidade não há,
Deus escolhas deu ao homem.
Dotou-o de livre-arbítrio,
Liberdade é seu nome.
Cada qual procure a graça,
Seja aqui ou noutra praça,
Que a vida não se consome.

Anjo

Sou anjo, mas não entendo
Porque todos culpam Deus
Pela seca, a fome e a dor
Que reinam perante os céus.
Tem miséria e falta amor,
O mal quer ser vencedor,
Deseja o que não é seu.

Estrela-Guia

Caro amigo Gabriel,
O que há vou lhe dizer:
O homem é o culpado,
Pois na treva quis viver.
Deixou o brilho de lado,
Foi viver só no pecado,
Quis mais ter do que bom ser.

Anjo

Por isso vamos contar
A mais formosa história
Para ver se o homem aprende

Que a vida não é simplória.
Foi em Nazaré da Mata,
Uma cidade pacata,
Que Deus veio ser memória.

Estrela-Guia

Não quis nascer em palácios,
Cercado de nobre gente,
Coberto de ouro e prata,
Mas numa casa decente,
Onde um casal reside.
Tudo ali é bem humilde
E se vive alegremente.

Ato II
Origens

Entra o Trovador e começa a narrar a história. Aos poucos as luzes vão-se reduzindo até só revelarem a penumbra dele. O projetor começa a mostrar fotos diversas: céu, montanhas, oceanos, o sol, a lua, animais, homem e mulher. Um passeio pelas origens.

Trovador:

No princípio, quando tudo ainda era nada, só a escuridão abraçava o mundo. Era sempre noite. E o Criador, que não nasceu porque é eterno, usou a palavra Amor para criar luz. *Fiat lux!* Tudo se iluminou. Astros explodiram e começaram a girar. A cada palavra pronunciada, inúmeros seres surgiam e entravam na dança do universo. Deus tratou logo de criar a mais bela música para acompanhar a dança celeste. Foi nesse instante que surgiu o tempo. E a terra secou para que os continentes aparecessem. Animais diversos tomaram a casa por morada. E juntamente com eles, o homem e a mulher: os pais da humanidade.

O projetor mostra uma galáxia. O Trovador continua.

No firmamento brilhavam tantas estrelas... Uma delas se apaixonou pela terra e desceu até aqui para semear sua luz. A moça se chamava Maria, aquela que vem do mar... do mar de estrelas. Ela aprendeu a brincar com o vento, a sorrir para as flores, a amar os espinhos. Tornou-se a rosa das rosas.

> Entra Maria, no meio da plateia, segurando uma vela. Enquanto caminha até o palco, o Trovador declama ao som de um violão dedilhado. Ele usa o cajado como violão. O coro também declama junto.

Rosa das rosas*
Flor das flores,
Mulher entre as mulheres,
Senhora das senhoras,
Rosa bela,
Flor de alegria,
Ser piedoso,
Ela carrega em si as dores do mundo.
Eis a senhora de todas as senhoras.
Eu nem sou digno de ser seu trovador,
Porque ela me fez amar o Amor.

Maria
O meu coração exulta,
Minha força é o Senhor.
Ele é abrigo seguro,
Todo o meu ser é louvor.
Esta é a minha prece:

---

* Texto adaptado das cantigas de Santa Maria, lírica trovadoresca, Castela, século XIII.

Deus de nós nunca esquece,
É imenso o seu valor.

Se a morte nos castiga,
Se o verde se esvai,
Se a seca é tamanha
E a fome dói demais,
É o Senhor nosso alimento,
Nos livrará do tormento,
Porque ele é nosso Pai.

Anjo
Salve, tão linda donzela,
Tenho um recado dos céus:
É grande a tua missão,
Serás a mãe de um Deus.

Maria
Mas que grande alegria,
Sou a serva do Senhor!
Que tudo se cumpra agora,
Como você me falou.

Música: *Cálix bento* (Ó Deus salve o oratório...).

Ato III
Galanteios de um casal sagrado

Maria está de um lado do palco, José do outro. Aproximam-se, ficam frente a frente, dão-se as mãos e declamam amorosamente.

José
Maria mar,
Maria flor,
Maria luz,
Maria amor.

Maria
José amparo,
José abrigo,
José irmão,
José amigo.

José
Maria estrela,
Maria templo,
Maria céu,
Maria exemplo.

Maria
José obreiro,
José fiel,

José prudente,
José de Deus.

José
Maria guia,
Maria estrada,
Maria santa,
Maria amada.

Abraçam-se e a luz se apaga lentamente.

Ato IV
O Diabo tenta os retirantes

Estrela-Guia

Nove meses se passaram
Na espera e alegria.
Maria tecia roupas,
José na carpintaria.

O casal entra e caminha pelo palco, o Jegue vai junto.

Mas a seca embrabeceu,
O jeito foi retirar-se.
Pra Belém do São Francisco
José teve de mudar-se.

A Estrela-Guia se coloca à frente do casal.

Anjo

E lá se foi o casal,
São José e sua Maria,
Nos perigos do sertão.
É grande a travessia.

Corre, Estrela! Vai guiá-los,
Iluminando os caminhos,
O Diabo está à solta
E pôs na estrada espinhos.

Aparece o Diabo, fazendo pantomina, se escondendo entre os galhos secos e semeando um pó colorido.

O demônio é traiçoeiro,
Não quer o menino aqui.
Vai tentar tirar-lhe a vida,
Disfarçado vai agir.

O Anjo fala dirigindo-se ao Jegue, que se põe a escutar.

Meu jeguinho, seja firme,
Fique de orelha em pé,
Proteja o Filho de Deus,
Faça o maior rapapé.

A família sai, fica o Diabo, continua com pantomina para a plateia. Música de fundo para o Diabo, pífanos. Aqui as luzes ficam mais azuladas porque é noite. No fundo do palco desce uma lua minguante prateada.

Anjo
O sol vai se despedindo,
O galo canta e anuncia:
No sertão a noite é dura,
Há perigo como o dia.

Diabo (gargalhada)
Já que o Gagá falou,
Aquele que diz ser anjo,
Eu também me apresento:
Sou lindo, vigor esbanjo.

Cospe no chão, limpa a boca, passa o braço no corpo.

Chamam-me de tanto nome:
Diabo, demônio ou rabudo,
Cão, o demo, o coisa-ruim,
O sem-jeito, ou chifrudo.

Rá, rá, rá! Mas que tolice,
Não veem que sou formoso,
Não sou eu que faço o mal,
Só empurro para o poço.

O homem que Deus criou,
É ele o grande mal.
Não é ele que explora
O outro pobre mortal?

Enquanto fala, põe a máscara. A família entra. O embate começa. O Urubu, de cócoras num canto, fala, mudando a voz.

Pois eu vim lá dos infernos
Pra acabar com esta festa.
Deus nenhum há de nascer,
A minha sina é esta.

Vou, então, me disfarçar
Num bem faminto Urubu
E, depois, lanço o terror
Neste chão, do norte ao sul.

Olha só, mas quem vem lá,
Sinto cheiro de carniça.
Por que vocês não descansam?,
Deixem reinar a preguiça...

Jegue

Tu tá agourando a gente,
Eu sei, bicho peçonhento,
Que tu és o mal-amado,
O diabo rabugento.

Diabo

Sou não, amigo Jumento,
Sou a ave do sertão.
Ai, ai, se não fosse eu,
Tudo era podridão.

Jegue

Suma já daqui, maldito,
Eu sei muito bem quem és,
Tens o corpo de Urubu,
Mas de Bode tens os pés.

Escuridão. Luz no Diabo apenas. Música de fundo
para o Diabo.

Diabo

Esse Jumento é o diabo,
Mas o Diabo aqui sou eu!
Esse bicho é um encosto,
Pensei que ele fosse ateu.

Pois agora eu serei
Uma bonita Jumenta,
Vou conquistar esse bicho,
Paixão deixa a vida lenta.

Luz no palco todo. O Diabo com máscara de Jegue se aproxima da família, que está sentada, descansando.

Diabo

Boa-noite, amorzinho,
Sou uma bela Jumenta.
Você é uma gracinha
Com essa sua cor cinzenta.

Faz gracejos para o Jegue, que olha desconfiado e se aproxima para examinar a falsa Jumenta.

O que faz por essas bandas
Tão garboso animal?
Quando vi você chegando,
Meu coração deu sinal.

Jegue

Ora, ora se não é
O famoso capiroto!
Pensa que engana Jegue,
Seu futriqueiro tinhoso?

Sarnento, rabudo, traste
Mofento, canheta, imundo,
Besta-fera, excomungado,
Pé de pato, vagabundo!

Diabo (furioso e tirando a máscara)

Eita, eita! A coisa fede.
Onde aprendeu tanto nome,

Seu coisinha mequetrefe?
Não vale nem o que come!

Tudo escuro. Luz sobre o Diabo.

Diabo

O bicho é mesmo danado.
Oh, natureza demente!,
Só resta atentar o homem,
Pois o Jegue é insolente.

Vou virar um Coronel,
Prometer casa e emprego.
Duvido que os infelizes
Não queiram ter um sossego!

Luzes se acendem. O Diabo se veste de Coronel,
pega a espingarda, põe chapéu e segue até a família,
que já está partindo, depois do descanso.

Diabo

Boa-noite, forasteiros.
O que fazem nestas bandas?
Esta terra é toda minha.
Sou rico, trago a bonança.

José

Não queremos suas terras
Nem nos atrai a riqueza.
Estamos só de passagem,
Desculpe a vagareza.

Diabo

Ora, pensei que quisessem
Por aqui permanecer.
Quero te dar um emprego,
Pistoleiro hás de ser.

Tá cheio de cabra ruim
Que precisa ir pro caixão.
Eu só dou uma forcinha,
Balaço no coração.

O Jegue, que ficou o tempo todo atrás do Diabo, cheirando-o, desconfiado, parte pra cima.

Jegue

Cuidado, meu São José,
Isso é o cramunhão.
Sinto cheiro de enxofre,
A cara ruim do cão!

Puxa daqui, bicho feio,
De ti eu não tenho medo.
Carrego uma cruz nas costas,
Este é o meu segredo.

O Jegue vira as costas, abre as mãos e, na capa marrom, aparece a cruz. O Diabo cai no chão e se remexe todo. Com a capa se cobre e some.

Ato V
No sertão tudo fala

Luzes amarelas indicam que é dia. O grande sol desce no centro do palco.

Trovador

Sertão é onde o humano se perde dentro de si mesmo. Como a terra rachada, o coração do humano se racha, porque o amor precisa de água e alimento para ser fortaleza. Só o sertanejo entende a linguagem do sertão. A palavra dura vive esperando tempo novo para explodir no verde viçoso. E, então, se descobre que aí também é lugar de milagres. No sertão tudo fala. Somente o homem mora no silêncio. Sertão é lugar de infortúnios. Mas... existem as veredas.

Música de viola instrumental. O Anjo e a Estrela-Guia entram e ficam nas extremidades do palco, sentados.

Anjo

Lá vem José e Maria,
Nenhuma sombra aparece.
O sol inclemente reina,
No sertão tudo padece.

Estrela-Guia

Eis que encontram uma Vaca,
É só esqueleto o bicho.
A aparição se ergue
E profetiza num grito.

Vaca

No céu revoa um bicho,
Espera a minha morte.
Urubu aqui é rei,
O resto vive de sorte.

Urubu

É a lei, minha amiga,
Não adianta lutar.
Eu estou cá esperando
A sua hora chegar.

Vaca

Um menino vai nascer
Entre pobres animais.
Será grande, e sua morte
Salvará tantos mortais.

Anjo

Um Riacho no caminho?
É miragem, ilusão.
A família pede água,
O leito pede perdão.

Riacho Seco

Pobre de mim, que sou
Ingrato por não conter
Nem um resquício de água
Para a mãe de Deus beber.

Pobre da mãe sertaneja
Que peleja atrás de água.
No ventre o filho espera,
É grande a sua mágoa.

O sertão está em todos,
Há sede em qualquer lugar.
Água viva é o que falta
Para o mundo saciar.

Estrela-Guia

Uma Árvore bem seca
Lança a sua profecia,
E o Pedregulho também
Faz sua filosofia.

Árvore

Meus galhos não têm mais folhas,
Há muito se foi o verde.
Mas em mim mora a esperança
Que a chuva venha e me enfeite...

... De folhas, flores e frutos
E seja farta a partilha,
E o homem cultive a terra,
Alegrando a família.

Pedregulho

Uma pedra no caminho,
No caminho uma pedra,
E as vidas fatigadas,
Já dizia o poeta.

Sou exemplo de empecilho
E me multiplico aqui.
Não podem me remover,
Estou aqui e ali.

Outras pedras incomodam,
São o rancor e a ganância.
Elas impedem que a vida
Seja cheia de bonança.

Anjo

E o rei sol, lá do alto,
Emana sua energia.
Com ternura beija a todos
E faz sua profecia.

Luz apenas no sol suspenso. Voz do sol em *off.*

Sol

Meu calor abrasa vidas,
Reconheço meu valor.
Mas outro sol vai chegar,
Ele é o Cristo Senhor.

Meu brilho é energia,
Todos dependem de mim.

Um dia vou me apagar
E o mundo terá seu fim.

Mas a luz do Rei Menino
É eterna, não se apaga.
Luz que clareia e anima
Do homem a caminhada.

Por enquanto deixo a noite,
Deixo os astros fulgurantes,
Repousa tudo que vive,
Paz ao Deus pobre e migrante.

Noite. Luzes azuladas. Desce a lua novamente. Música instrumental (*Melodia sentimental*, de Villa-Lobos). Os personagens da cena fazem uma dança, o balé do sertão. Entra a Família Sagrada.

José
Chegamos, minha querida,
No distrito de Belém.
Olhe as portas se fechando,
Na rua não há ninguém.

Maria
Não nos querem por aqui.
Pensam que somos bandidos?
O que faremos, agora,
Com o filho tão bendito?

Enquanto cantam a canção, a Família Sagrada percorre o palco.

Procura[*]

São José procura abrigo,
Bate aqui, bate acolá,
Todos fecham suas portas.
Quem é que vai ajudar?

Já é tarde, tudo escuro,
E Maria em suas dores.
No céu as estrelas brilham,
Na terra abrem-se as flores.

Oh, mãezinha tão aflita!,
Como podes dar à luz?
Falta casa, um aconchego
Para o teu lindo Jesus.

---

[*] Letra de Claudicélio Rodrigues.

Ato VI
Conversa do Jegue com o Burro

Jegue

Aqui estou, minha gente,
Procurando um lugar
Pra que o Filho de Deus possa
Nascer e em paz repousar.

O que vejo é uma gruta
E um Burro a vigiar.
Vou lá pedir um abrigo,
O Burro há de ajudar.

Boa-noite, amigo burro,
Jeguinaldo é o meu nome.
Venho de um lugar longe,
Com sono, cansaço e fome.

Tenho uma grande missão:
Arrumar casa pra Deus.
Ele está para nascer,
Mas não o quiseram os seus.

Burro

Boa-noite, mestre Jegue,
O meu nome é Burronildo.
Conte direito essa história,
O amigo tá abatido.

Jegue

Viemos de Nazaré
Carregando a coitadinha.
Ela já vai dar à luz,
Só resta sua lapinha.

Se os homens se fecharam
E esqueceram o Salvador,
Nós, os animais, na mata,
Seremos seu defensor.

Burro

O amigo tem razão,
Sou burro, mas não sou besta.
Carregamos muito peso,
A dor é o que nos resta.

Minha casa é bem modesta
Para receber um rei!
Mas, se o amigo quiser,
Ela já é de vocês.

Aqui tem capim sequinho,
É só forrar e fazer
Uma cama bem quentinha
Para o nenê nascer.

E o amigo Boizinho
A festa vai preparar.
Pra saudar o Deus-Menino,
Bumba meu boi vem dançar.

O Boizinho entra e baila. Os cantadores vão ao palco e formam o grupo de brincantes. Todos vão ao encontro de José e Maria. Seguem para a gruta. Enquanto isso, José vai preparando a manjedoura com palhinha. Quando a música acaba, um pano branco é estendido para cobrir o presépio. As luzes do fundo se apagam. Luz apenas no centro.

Acorda, Boizinho*

Acorda, Boizinho,
É chegada a hora.
Já é meia-noite,
Vem rompendo a aurora.

Vai, meu Boi querido,
Buscar a família
De Deus consagrada,
Põe-te em vigília.

*E bumba ê, e bumba á,
E bumba ê, bumba meu boi bumbá.* (bis)

Meu Boi do presépio,
Com teu bafo quente
Sopra o Deus-Menino,
Tão lindo e inocente.

Tua recompensa
Deus não esquece, não,
Vais dançar pra sempre
Lá no Maranhão.

---

* Letra de Claudicélio Rodrigues.

Ato VII
Ciranda do Menino-Deus

Entram o Anjo e a Estrela-Guia, luz apenas sobre eles.

Anjo

Povos todos, acordai.
O galo cocoricou.
É nascido um menino,
O Filho de Deus chegou.

Estrela-Guia

Acordai e vinde ver,
Num cocho cheio de palhas,
O Deus que se fez criança
Para livrar vossas falhas.

Anjo

Correi todos à Lapinha,
Vinde, pastores, correi.
As ovelhas se agitam,
Querem também ver o rei.

Estrela-Guia

E os Magos do Oriente
Foram chamados em sonho,
Trazem ouro, incenso e mirra
E adoram o bebê risonho.

Anjo e Estrela-Guia

São José está feliz,
Radiante está Maria.
O céu abraçou a terra,
Tudo é festa e alegria.

O pano que escondia o presépio cai e ele aparece.
Música: *A bandeira do Divino.*

Trovador

Desde que os astros são astros, desde que os seres são seres, tudo dança. Suspeito que o mundo foi feito para ser dançado. Peixes, plantas, mares, montes, vales, aves: tudo participa da dança da criação. É a ciranda da vida. Quando chegamos neste mundo, aprendemos a dar nossos passos, minuto a minuto, dia após dia, ano após ano. Só saímos desta ciranda, quando partimos rumo ao eterno. Na eternidade a dança é outra. Mas a cada Natal acontece um milagre: a roda do céu desce à terra e tornam-se uma só ciranda.

Os personagens do presépio vão formando uma roda. A Família Sagrada fica no meio. Dançam ciranda e depois convidam a plateia a formar uma grande roda.

Ciranda do Deus-Menino[*]

Belém é aqui, sabiá,
É qualquer lugar, sabiá,
Onde reina alegria, sabiá,
Deus está a brincar, sabiá.

De mãos dadas vamos todos, sabiá,
Na ciranda do Menino, sabiá,
Anjos, reis e pastores, sabiá,
Entoemos novo hino, sabiá.

Sejamos sempre crianças, sabiá,
Nesta noite iluminada, sabiá,
Glorifiquemos com os anjos, sabiá,
A paz da noite sagrada, sabiá.

Oi, cirandeira, sabiá,
Balança pra cá, sabiá,
Vamos nesta dança, sabiá,
Até o sol raiar, sabiá.

---

[*] Letra de Claudicélio Rodrigues.